Irgendwie Gedichte.

Gefunden und niedergeschrieben von
Michael Kubik.

Michael Kubik arbeitet als
Konzeptkünstler in Enns/Österreich.
In diesem Buch wurde versucht, die
Gedanken und Gefühle besonderer
Menschen in kurze Texte zu fassen.
Eine Annäherung und eine
Konfrontation.

Diese Texte habe ich für
Angekommene und für Suchende und
für Verrückte und für Einsame und für
Traurige und für Wahnsinnige und für
Leidende und für Trauernde und für
Glückliche und für Verlorene und für
Unglückliche und für Wissende und für
Herzlose und für Liebende und für
Birgit und für Max und für Leo und für
dich zusammengestellt.

Bibliografische Information der Deutschen
Nationalbibliothek: Die Deutsche
Nationalbibliothek verzeichnet diese
Publikation in der Deutschen
Nationalbibliografie; detaillierte
bibliografische Daten sind im Internet
über dnb.dnb.de abrufbar.

Herstellung und Verlag:
BoD – Books on Demand, Norderstedt

ISBN: 9783757859770

288 seltsame Gedichte, aufgeteilt in
mehrere Teile.
Unverständliche Gedichte und Texte
von und über besondere Menschen.
Auf der Suche nach Begegnungen,
Selbstfindung und Selbsthilfe.
Ein Wortgemisch.
Eine Herzensangelegenheit.

Teil 1

Oft hat man einige Dinge von vorne
gesehen, und dann hat man einige
Dinge von hinten gesehen. Alles ist ein
und dasselbe.
Was wichtig ist, ist das zarte Glück und
die stille Freude in dir.
Was denkst du?

1. Finsternis
Den Plan gesehen haben und den Tag
gut denken, Sätze verkehren die Welt,
einfach hindurch kommen und dabei
sein.

2. Ausgewrungen
Gut das Konstrukt ausgewrungen
haben, die guten Erfindungen des
Lebens auffangen.

3. Spiele
Alte Spiele neu erfinden, sich kurz
geborgen fühlen und mit sich reden.

4. Regen
Der Regentropfen haftet an der
Glasscheibe, die Gedanken haften mit
dem Regentropfen am Leben und
treffen dich.

5. Illusion
Die Illusion der Erkenntnis verengt
meine guten Arbeitspausen und ich
atme.

6. Einstellung
Aus den Geräuschen entstehen feine
Töne und die Einstellung bekommt
eine zusätzliche Einengung und die
Morgensonne wärmt.

7. Grund
Ein sehr guter Grund zu leben, ist
besser zu wissen ohne sich erwischen
zu lassen, von sich oder von anderen.

8. Nase
Die Orientierung nach der Nase hilft
ans Ziel zu kommen und zu sterben.

9. Aufpassen
Der Geruch an den Fingern eröffnet
eine neue Welt und nimmt gefangen.

10. Ohne
Besonders das Wort ohne hat großen
Gehalt und nimmt uns gerne mit in
den Anfang, in eine unschuldige Welt
und dreht uns um.

11. Brauchbar
Brauchbares ist uns gut gesonnen und
darf bis zum Schluss nicht verloren
gehen.

12. Endlich
Die Endlichkeit nimmt uns mit in eine
Unendlichkeit, lasst uns die Meinungen
prüfen, gerne übernehmen wir sie
einfach.

Zwischendurch kommt mir ein kurzer Gedanke: Bin ich durch die Texte fröhlicher oder nachdenklicher geworden? Die Menschen, über die ich schreibe und von denen ich viele Gedanken erhalten habe, faszinieren mich und fesseln mich.

Eigensinnige und Exzentrische ohne festen Wohnsitz im Geiste öffnen uns ein Tor in eine größere Welt.

13. Zustand
Der gute Zustand der Verwahrlosten
schockiert und bringt uns zum
Nachdenken, denn Leistung zählt und
dann darf ich erst glücklich sein.

14. Sonne
Unschuldig dringt die Sonne in den
Sonnenbrand hinein.

15. Aufblühen
Kurz blüht der Alte auf, schaut in die
fröhliche Runde und nimmt den letzten
Zug nachhause, alles scheint gut zu
sein.

16. Trostlos
Der Fisch stinkt schon und die
Hungrigen schimpfen ungeduldig mit
dir.

17. Knospen
Erregt laufen alle blind ins Verderben,
atmen kurzatmig kurz und altern
schnell.

18. Beinhart
Aktuell musst du beinhart sein und viel
Pein ertragen, so kannst du in den
Himmel kommen und endlich
glücklich sein.

19. Anfangs
Der Zug ist anfangs abgefahren, keiner
hörte einen Ton, so still war es schon
seit Zeiten nicht mehr und wieder
anfangs.

20. Unbegründet
Alles vergessen haben und
unbegründet freundlich beschuldigt
werden.

21. Gang
Weite Strecken zurücklegen und bei
den Gedanken der anderen ankommen,
aufbrechen und einteilen und
weggleiten.

22. Sinn
Im Umdrehen liegt ein großes
Geheimnis begraben und bleibt
unbekannt.

23. Hand
Die Hand des Feindes ohne Kraft
drücken und das Leben aufgeben und
das Glück kommt plötzlich angeflogen
und schaffen.

24. Glas
Das zerbrechende Glas blieb in den
Gedanken haften, keiner hat das Ende
jetzt erwartet.

25. Futter
Schnell das Futter herunterschlingen
und ein Genießer sein, mehr macht die
Berechtigung zum Genießer aus und
zeichnet aus.

26. Befreiung
Aus Überdruss in die Kirche gehen
und mit den kratzenden Gedanken auf
die endgültige Befreiung hoffen,
gutgetan haben.

27. Wieder
Wieder und wieder erscheinen die
guten Gerechten widerlich ungerecht.

28. Außerirdisch
Nicht daheim im Garten sein, im
Außerirdischen die Erklärung für heute
erhoffen, alle Mystik in den Plastiksack
nehmen.

29. Pünktlich
Zur richtigen Zeit das richtige Hemd
tragen und pünktlich zur Beerdigung
kommen.

30. Verträumt
Fliege verträumt durch die Luft, atme
den Duft der anderen Menschen ein,
wasche mich und bin ein Träumer der
besten Sorte.

Ich habe schon immer gerne Gedichte gelesen, am liebsten irgendwo unter einem Baum liegend, bei einem köstlichen Wein oder einem guten Bier. Ich liebe es immer noch, Gedichte zu lesen. Ich würde mich freuen, wenn dir diese Gedichte hier gefallen und du sie genießt. Meine mich inspirierenden Freundeskreis würden sich auch darüber freuen.

31. Helden
Da ich eine Medaille bekommen habe,
darf ich mich jetzt Mensch nennen.

32. Hoch
Die Wolken am Himmel scheinen
recht hoch zu fliegen, auswendig die
Vergangenheit wissen, ein Abziehbild
sein und lachen.

33. Jegliche
Aus guten Gründen konnte der Fahrer
nicht halten, jegliche Verantwortung
lag bei den anderen und auch Liebe
war ein Wort.

34. Schnell
Der Vogel auf dem Fensterbrett
zwitschert mir viel zu schnell das
Morgenlied.

35. Hinaus
Wie weit noch hinausgehen um hoch
zu sein, mit dem Leben spielen und
mehr werden und höher sein, gut
gemacht haben.

36. Verantwortung
Die Verantwortung gebe ich dir, sie
geht mich wirklich nichts an, so wie du.

37. Wurm
Der Wurm hat ein Loch in deinen
Gedanken gefunden und findet hier
eine Heimat und bleibt bei dir dein
restliches Leben.

38. Herz
Mit leerem Herzen treffe ich mein
Herz, mit leerem Herzen treffe ich dein
Herz, mit leerem Herzen treffe ich das
Sein.

39. Gefängnis
Im Gefängnis der Träume das Leben
sehr sicher eingesperrt haben.

40. Liebe
Im Durst nach Liebe das Selbst
vergessen, gut sein denken und bitten.

41. Bitten
Und wir bitten und beten, dichten
Geschichten und wieder im Gefängnis
der Träume, im Gefängnis der Liebe
sein.

42. Morgen
Ein guter Morgen bringt die Hoffnung
zurück, ein guter Tag lässt kurz das
Sterben vergessen, es wird ein guter
Tag.

43. Wiedergeboren
Immer wieder neu geboren werden,
immer wieder neu sterben.

44. Angst
Die Angst hat dich verschoben, die
guten Tage sind nicht vorbei.

45. Angstfrei
Angst haben oder angstfrei, der
Frühling wird kommen, zu dir und zu
mir.

46. Kreuze
Die beiden Kreuze standen auf dem
Berg und in mir, mehr als ein Kreuz
tragen, die Hoffnung verlieren oder die
Kreuze.

47. Fest
Wir halten ewig fest an den Kreuzen,
sie geben einen verkehrten Sinn.

48. Leere
Endlich die Leere gefunden haben und
plötzlich wieder die Kreuze entdecken,
sie beginnen zu verfluchen und
bestimmt werden.

49. Wunde
Die Wunde des Herzens nicht heilen
lassen, die Wunde ordentlich pflegen
und alles in das Herz lassen, Gift und
Abfall.

50. Leider
Leider hat das Leiden nicht immer
einen großen Sinn, für das Verrücken
macht das Leiden aber immer einen
Sinn.

51. Vertrauen
Vertrauen in Gedanken fassen und
daraus ein festes Bild machen.

52. Verfestigt
Die Welle trifft mich und ich merke
das Feste in mir, geschützt
verdummen.

53. Ton
Die klingende absolute Stille hat dich
kurz getroffen und verschwindet mit
dem ersten Gedanken an den Erfolg.

54. Mutlos
Mutlosigkeit ins Erfolgsbewusstsein
wandeln und stark sein und gewinnen
und töten und ganz endlich Mensch
sein.

55. Aufgeregt

Aufgeregt ist nicht erregt und kommt
nicht von irgendwo her, hat doch etwas
mit Unvernunft zu tun und überfällt
spontan.

56. Kerze

Kerzengerade stehen und an gerade
und an die Kerze denken, an den
unglaublichen Frohsinn denken und
gerade sein.

57. Apfel

Ich habe deinen Apfel gefunden, aber
wir sind schon etwas faul im Kern.

Heute war ich mit meinem Sohn Max
in der Stadt und habe mit ihm ein Eis
gegessen. Das war richtig gut. Die
Zweisamkeit. Das Eis und das bunte
Treiben in der Stadt. Mein Sohn ist
Autist. Er kann nicht warten. Wenn ich
in der langen Schlange stehe, um das
Eis zu kaufen, wartet er meist geduldig.
Das ist eine große Ausnahme. Warten
kann schön sein.

58. Erbrechen
Das Erbrochene des freundlichen
Besoffenen riecht sauer und vertreibt
meine Liebe zur Ganzheit und zum
Verständnis.

59. Schuppen
Die Schultern voller Haarschuppen
dämpft etwas die gespielte
Überlegenheit.

60. Bremsen
Du bremst mich mit deiner
Überlegenheit und ich träume einfach
weiter von großen Besitzen und werde
es dir schon zeigen.

61. Auf
Als die Tür aufging und der große
Weise eintrat stolperte er dumm
und schrie mich an.

62. Freundlich
Wieder freundlich sein und die Welt
weltlich umarmen und beherrscht sein.

63. Kern
Der große Unterschied im Kern zeigt
jedem, dass es überhaupt keinen
Unterschied gibt, wir pflanzen uns fort
und sterben.

64. Spruch
Der gute Satz und der gute Spruch
laden zum Sitzen und Wegfliegen ein.

65. Ausgewogen
Gut ausgewogen auf der Erde sitzen
und lachen und wieder verloren haben,
wie ist es richtig, wann hast du dich
wieder.

66. Raureif
Sehr reif sein und sehr rau sein, den
Anfang verloren haben und du gibst dir
den Auftrag, den Anfang
wiederzufinden.

67. Last
Die Last zieht in die Erde, tiefer und
tiefer, die Erde wartet auf dich.

68. Töne
Durchdrungen von den Tönen, von
den lauten und noch lauteren Tönen
und denken und endlich etwas
Gescheites sagen.

69. Austausch
Einiges austauschen, Flüssigkeiten und
Gedanken, Gefühle und hartes Wissen,
Glauben und Verbohrtheit und sich.

70. Abgesprungen
Einmal noch und noch einmal und
dann davonlaufen oder nicht.

71. Kurz
In die Sonne sehen, natürlich kurz und
freundlich, obwohl es schon weh tut,
die Sonne loben, kurz und sehr
freundlich.

72. Netz
Benetzt die Denker auf Erklärungen
untersuchen, auf den richtigen Sinn
hin.

73. Brutal
Ohne Rücksicht den letzten Schluck
austrinken und gerne brutal sein, das ist
eine zeitlos gute Charaktereigenschaft.

74. Versprochen
Nichts versprochen haben und den
Mittelpunkt der Erde trotz
Herdenbewusstsein schaffen, komm
her und übergib dich.

75. Mahner
Langsam verblassen die Mahnungen
vom Mahner, der Mahner ist alt und
dünn geworden, ausgemergelt wirkt er.

76. Grund

Es gibt keinen echten Grund,
ein großes Wissen anzusammeln,
meinte freundlich einer von drüben.

77. Dabei

Völlig außer sich dabei sein, bestimmt
dabei sein wollen und verbunden sein.

78. Glück

Ein Glück dabei zu sein und die
Kontrolle über die Welten zu haben,
gutes Glück.

79. Auftrag
Einen Auftrag bekommen, diesen
ordnungsgemäß ausführen und stolz
wie ein Kämpfer sein, du musst ein
Kämpfer sein.

80. Auftreten
Bin aufgetreten und habe alles
eingetreten, der vorbildliche Starke
sein.

81. Wunder
Es gibt doch keine zusätzlichen
Wunder, die bekannten müssen
reichen.

82. Rahmen
Der Rahmen hat eine schöne
rahmende Funktion, die Hoffnung
einrahmen.

83. Sehen
Ich konnte die Sonne vor Glück nicht
sehen und freute mich dumm.

84. Langsam
Zurückkommen zur Besinnung und ein
ordentlicher Mensch sein, die Arme
stärken und die Muskeln zur Freude
spielen lassen.

85. Verdreht
Zuviel nachgedacht haben und die
Einbildung verdrehen, nicken und
bejahen, bestätigen und weiterdenken,
gut machen.

86. Wochenende
Ein Wochenende, ein Jahresende und
ein Lebensende, alles finden, ohne
Mühe.

87. Lärm
Der Dauerlärm im kleinen Kopf ist zur
Musik geworden, ein Rauschen und
Klirren und freundlich zu allen sein,
gut sein.

88. Zahlen

Alles zahlen dürfen, keine Rechnung
bleibt offen, Geschenke sind gefährlich
und das Glück wird eine schlimme
Strafe sein.

89. Abkürzung

Seit die Abkürzung Gewohnheit
wurde, gibt es keine Abkürzung mehr,
ein beschwerliches Leben durch die
langen Wege sehen.

90. Verrechnet

Gut gerechnet haben, ein schlauer
Kopf sein, gut ausgerechnet haben und
doch verrechnet und doch ein neuer
Anfang.

Viele Gedanken in diesem Buch
wurden inspiriert von Menschen mit
Poesie im Herzen und von Menschen,
die keine gewöhnliche Wahrnehmung
haben oder einfach geistig immer
irgendwo anders sind, nicht hier in
unserer gewöhnlichen Welt. Zumindest
stellt man sich das so vor. Gibt es eine
gewöhnliche Welt?

91. Worte
Es werden immer wieder Worte sein,
Worte beschreibend das ganze Leben.

92. Aufgetan
Die Ruhe hat sich aufgetan, die Unruhe
kommt wieder und alles andere ist
rundherum, nimmt kaum Platz weg,
alles auftun.

93. Bereit
Jetzt bereit sein, die Arbeit machen und
das Vergnügen dadurch verdient
haben, jeden Tag neu ohne viel
nachzudenken.

94. Eitelkeit
Dich bei der Eitelkeit packen und
schon verloren gehen, hinunterfallen.

95. Leuchten
Und es leuchtet der Kopf, viele
glauben, dass sie sich anstecken
können.

96. Liebe
Auf die Liebe darf hier nicht vergessen
werden, die eine und die andere Liebe,
die gedachte Liebe und die entleerte
Liebe.

Teil 2

Wir kommen zum 2. Teil. Es folgen
weitere 96 Texte. Einige Texte ähneln
sich und werden im folgenden
zugehörigen Text weitergesponnen
oder auch aufgelöst. Im ganzen Buch
gehören immer 3 Texte zusammen.
Diese wurden aber von mir gut
gemischt. Es ist nicht nötig, bewusst
auf die Suche zu gehen. Durch Zufall
wird man darauf stoßen, oder auch
nicht.

1. Dunkelheit
Wenn Sie sich den Plan genau ansehen
und über den Tag nachdenken, wird
die Aussage auf der ganzen Welt
verbreitet.

2. Belichtung
Nun, ich fand eine gute Erfindung des
Lebens und schrieb ihre
Zusammensetzung auf.

3. Spiel
Das alte Spiel neu erfinden, sich sicher
fühlen und miteinander reden.

4. Regen
Die Regentropfen haften am Glas und
die Idee haftet an den lebenden
Regentropfen und greift dich an.

5. Illusion
Die Illusion der Verwirklichung
beschränkt meine gute Arbeit darauf,
unterbrochen zu werden, ich atme.

6. Einstellung
Der Ton ist subtil, die Einstellungen
werden enger und die Morgensonne
erwärmt sich.

7. Grund
Ein sehr guter Grund zu leben ist, es
besser zu wissen, ohne von sich selbst
oder anderen erwischt zu werden.

8. Nase
Die Richtung zur Nase hilft, das Ziel
zu erreichen und langsam immer
wieder zu vergehen.

9. Wahrnehmen
Der Geruch des Fingers öffnet eine
neue Welt.

10. Nichts

Insbesondere das Wort „Nichts" hat einen großen Inhalt, daher möchte ich den Beginn einer unschuldigen Welt betrachten.

11. Bequemlichkeit

Benutzerfreundlichkeit ist eine gute Absicht und wird nicht bis zum Ende verloren gehen.

12. Endlich

Die Endlichkeit nimmt uns unendlich mit und lasst uns unsere Meinungen überdenken, wir werden sie gerne kurz akzeptieren.

Während ich die Texte zusammenstellte, dachte ich daran, das Buch mit Bildern zu schmücken. Ein paar Mal habe ich das gemacht, dann habe ich die Bilder wieder gelöscht. Bei dem Titelbild war es einfach. Das Bild ist die Spiegelung der Essgarnitur im Küchenschrank bei mir zu Hause. Ich habe das Bild digital bearbeitet. Insgesamt habe ich aus dem Basisbild eine Serie von 24 Bildern gemacht. Ein anderes Bild aus dieser Serie habe ich als Titelbild für den Band „Poetry" verwendet.

13. Irrsinn

Leistung ist wichtig und erlaubt sehr
viel, daher denke ich, dass
Möglichkeiten zu Einsichten einfach
immer wieder ignoriert werden
müssen.

14. Sonne

Die Sonne dringt unschuldig in den
Sonnenbrand ein und bringt dich um.

15. Wohlstand

Der alte Mann erblüht für einen
Moment, sieht glücklich aus, kommt im
letzten Zug nach Hause, alles scheint
noch gut zu sein.

16. Töten
Der Fisch stinkt schon und hat mit dir
Hunger, wir werden die Gier nicht
stillen können.

17. Laufen
Aufgeregt läuft jeder blind umher,
atmet aus und noch mehr ein und altert
vorzeitig.

18. Herz
Jetzt bist du endlich hart geworden und
musst noch so viel Schmerz ertragen,
dass du endlich in den Himmel
kommen und glücklich sein kannst.

19. Anfang
Der Gedanke ging zunächst verloren,
niemand hörte den Lärm, es war
jahrelang nicht sehr leise und die
Gespräche blieben laut.

19. Faktenfrei
Ich habe alles vergessen und erhielt
eine ordentliche und freundliche Bitte
geschenkt.

21. Geschwindigkeit
Bewegen Sie sich über weite Strecken,
bis Sie den Kopf der anderen Person
erreichen.

22. Sinn
Die Rotation enthüllt ein großes
Geheimnis und bleibt unbekannt.

23. Hand
Wenn Sie sich an die Hand des Feindes
klammern und Ihr Leben ohne Gewalt
aufgeben, wird das Glück fliegen.

24. Glas
Das zerbrochene Glas blieb in der Idee
und niemand erwartete das Ende.

25. Essen

Sich bereit zum Essen machen, werden
Sie ein Enthusiast, geben Sie
Enthusiasten und großartigen
Menschen mehr Rechte.

26. Abbrechen

Es war nicht langweilig, in die Kirche
zu gehen und sich etwas mit der vagen
Idee der letzten Ansicht zu wünschen.

27. Noch

Oft sehen rechtschaffene Menschen
ungemütlich und ungerecht aus.

28. Außerirdisch
Nicht im Gartenhaus sein, alle
Geheimnisse in Plastiktüten stecken
und auf Verrückte zählen.

29. Richtig
Trage das richtige Hemd zur richtigen
Zeit und komme pünktlich zur
Beerdigung.

30. Traum
Wie die Träume, die am Himmel
fliegen, ist es die beste Art von Traum,
mich zu waschen und den Geruch
anderer zu atmen.

31. Helden
Nach Erhalt der Medaillen kann ich
mich Mensch nennen.

32. Hoch
Wolken im Himmel scheinen hoch zu
fliegen, erinnern dich an die
Vergangenheit und lachen mit
Abziehbildern.

33. Beliebig
Aus guten Gründen konnte der Fahrer
nicht halten, jede Verantwortung war
bei anderen, sogar Liebe war ein Wort.

Wenn du auf diesen Gedanken hier
stößt, darf ich meinen Gedanken mit
dir teilen. Ich habe mich nur gefragt,
wo du bist, wie du dich fühlst, wenn du
die Texte liest und wer du bist?

34. Schnell

Vögel am Fenster singen früh morgens
ein Lied, höre es und frage dich.

35. Raus

Geh, geh auf, spiel im Leben, steig auf,
geh auf, geh gut, mach gut.

36. Verantwortung

Ich gebe dir die Verantwortung, es ist
überhaupt nicht meine Aufgabe.

37. Würmer
Würmer finden Löcher in Ihren
Gedanken, finden hier ihr Zuhause und
bleiben für den Rest Ihres Lebens bei
Ihnen.

38. Herz
Ich treffe mein Herz, ich treffe dein
Herz mit einem leeren Herzen, ich
treffe meine Gegenwart mit einem
leeren Herzen.

39. Gefängnis
Sie sind auf Trauma-Gefängnisse mit
sehr begrenztem Leben beschränkt.

40. Liebe
Aus Liebe vergesse ich mich, frage und
denke nach.

41. Bitte
Und wir beten dafür, im Gefängnis der
Liebe, in der dunklen Geschichte und
wieder im Gefängnis der Träume zu
sein.

42. Morgen
Im guten Morgen erinnere ich mich an
Hoffnung und vergesse einen guten
Tag, es wird ein guter Tag.

43. Wiedergeboren
Der Gedanke wird immer wieder
wiedergeboren und stirbt immer
wieder.

44. Angst
Angst hat dich beeindruckt, ein guter
Tag ist nicht vorbei.

45. Mach dir keine Sorgen
Der Frühling kommt mit mir zu dir, ob
du Angst hast oder nicht.

46. Kreuz
Die zwei Kreuze standen in den
Bergen und in mir, ein oder mehrere
Kreuze tragend, verloren, Hoffnung
und Kreuze.

47. Feier
Wir klammern uns für immer ans
Kreuz, wir geben wieder falsche
Bedeutungen.

48. Himmel
Wenn du endlich die Lücke findest und
plötzlich das Kreuz entdeckst, beginne
zu fluchen und zu entscheiden.

49. Kratzer
Wunden des Herzens heilen, die
Wunden richtig pflegen, nichts im
Herzen, Gifte oder Müll hinterlassen.

50. Leider
Leider hat Leiden nicht immer einen
großen Zweck, aber es macht immer
etwas Sinn.

51. Vertrauen
Bitte zeichnen Sie ein festes Bild mit
Vertrauen in Ihre Idee.

52. Erstarrung

Als die Wellen mich trafen, bemerkte
ich das Feuer in mir.

53. Ton

Eine durchschlagende absolute Stille
trifft Sie für einen Moment und
verschwindet beim ersten Gedanken an
Erfolg.

54. Enttäuscht

Es macht Entmutigung zu einem
Erfolgserlebnis, wird stärker, gewinnt,
tötet und wird schließlich menschlich.

55. Aufregung
Aufregung ist nicht aufgeregt, sie
kommt nicht von irgendwoher, sie
greift spontan an, wenn alles
unmöglich wird.

56. Kerze
Stellen Sie sich gerade hin und denken
Sie an die unglaubliche Ruhe der
Kerze.

57. Apfel
Ich habe den Apfel gefunden, aber der
Kern ist etwas fauler als ich.

58. Erbrechen
Freundliches Erbrechen riecht sauer
und zerstört meine Liebe zur Ganzheit
und zum Verständnis.

59. Schuppen
Die feuchten Achseln schwächten die
Vorteile des Spiels leicht ab.

60. Bremse
Sie bremsen mich mit ihrer
Überlegenheit, und ich träume immer
von großartigen Dingen, und ich zeige
es Ihnen.

Meine Welt ist klein, oft gedankenlos
und oft ohne Hoffnung. Und plötzlich
blüht alles auf und ich bin
durchdrungen von guten Gedanken.
Dann denke ich mir wieder, was
Gedanken alles bewirken können.

61. Auf
Als sich die Tür öffnete und ein großer
König eintrat, war er dumm und
stolperte.

62. Freundlich
Werde wieder freundlich, akzeptiere die
Welt und herrsche über die Welt.

63. Kern
Der große Unterschied im Kern zeigt
allen, dass es überhaupt keinen
Unterschied gibt.

64. Sagen
Wenn Sie gute Sätze oder Sprichwörter
haben, empfehle ich Ihnen, sich
hinzusetzen und wegzufliegen.

65. Ausgeglichen
Ich saß ausgeglichen auf dem Boden
und lachte und starb wieder, wann
kommst du zurück?

66. Frost
Bitte geben Sie mir die Aufgabe, sehr
reif und sehr rau zu sein, den Anfang
zu verlieren und den Anfang zu finden.

67. Endlich
Die Last geht tief in die Erde und die
Erde wartet auf dich.

68. Ton
Das Geräusch ist durchnässt, laut,
denkt nach und sagt am Ende etwas
Kluges.

69. Austausch
Ersetzen Sie fließende Dinge,
Gedanken und Gedanken, Gefühle
und hartes Wissen, Glauben und
Rückzug und sich selbst.

70. Entkommen
Immer wieder und immer wieder und
immer wieder und immer wieder und
immer wieder und immer wieder
entkommen.

71. Kurz
Natürlich scheint die Sonne kurz und
freundlich, es tut weh, aber die Sonne
wird bewundert und kurz und so
schön.

72. Netzwerk
Befruchten Sie die Denker mit einer
Erklärung, während Sie nach der
richtigen Bedeutung suchen.

73. Brutal
Die letzte Tasse zu trinken und brutal
zu sein, ist der Charakter eines zeitlos
guten Charakters.

74. Versprechen
Versprich nichts, komm her und gib
dich trotz des schwärmenden
Bewusstseins dem Mittelpunkt der
Erde hin.

75. Warnung
Langsam verschwindet die Erinnerung
an Leben, das Leben ist alt und dünn,
einfach schwach sein und schwach
bleiben.

76. Grund
Es gibt keinen wirklichen Grund, viel
Wissen anzusammeln,
meinte ein Mensch unter einem Baum.

77. So
Ich möchte auf jeden Fall allein sein,
oder doch nicht oder doch
und die Wiesenblumen gefühlt haben.

78. Glück
Gib dein Bestes, um die Welt glücklich
zu regieren
und um dir wieder ein Stück Glück zu
geben.

79. Befehle

Nehmen Sie Befehle entgegen, führen
Sie sie ordnungsgemäß aus und seien
Sie stolz auf den Kämpfer in Ihrer
transparenten Seele, Sie sind ein
hervorragender Krieger.

80. Macher

Ich habe alles gemacht und bin gut
eingeschlafen
und nie mehr aufgewacht.

81. Wunder

Es gibt kein zusätzliches Wunder, das
Bekannte sollte endlich reichen.

82. Rahmen
Der Rahmen hat die schöne Rahmung,
die der Rahmen will,
sei stolz,
ob Todsünde oder nicht.

83. Glück
Ich war glücklich, konnte die Sonne
nicht sehen und freute mich auf
Dummheit.

84. Langsam
Komm zurück zu deinen Sinnen,
werde ein anständiger Mensch, stärke
deine Arme und lasse Ansichten zum
Vergnügen spielen.

85. Fantasie
Wenn Sie viel nachdenken, um Ihre
Fantasie anzuregen, achten Sie darauf,
nach vorne zu schauen und sich zu
verbessern.

86. Wochenende
Finden Sie alles am Wochenende,
Neujahr, ohne Mühe.

87. Lärm
Der konstante Klang in dem kleinen
Kopf ist Musik, Klang, Ton und gut
für alle.

88. Nummer
Zahlen Sie alles, lassen Sie keine
Rechnungen offen, Geschenke sind
gefährlich, Glück ist eine schwere
Strafe.

89. Abkürzungen
Abkürzungen sind so weit verbreitet,
dass es auf lange Sicht keine
Abkürzung gibt, um einen Ausweg zu
finden.

90. Nummer
Es ist gut berechnet, intelligent, gut
berechnet und immer noch schattiert,
aber es ist immer noch ein neuer
Anfang.

91. Wörter
Es wird immer das Wort Leben geben
und das Leben an sich
und die Freude am Leben
und die Angst im Leben.

92. Rest
Der Rest ist offen, der Rest ist zurück,
alles andere ist überall, braucht etwas
Platz und alles ist offen.

93. Abgeschlossen
Bereiten Sie sich jetzt vor, haben Sie
das Vergnügen, jeden Tag neu zu
denken, ohne zu viel nachzudenken.

94. Eitelkeit

Ergreife die Eitelkeit, verliere deinen
Blick und falle.

95. Licht

Und es kommt ans Licht, und viele
glauben, dass sie infiziert werden
können.

96. Liebe

Erinnere dich an die Liebe hier, die
Liebe des einen und des anderen, die
fürsorgliche Liebe und die Liebe zum
Himmel.

Teil 3

In den beiden vorangegangenen Teilen
hast du vielleicht bemerkt, dass sich
alle Gedanken wiederholen. So ist es
auch mit allen Tätigkeiten, alles
wiederholt sich, wiederholt sich fast
ohne Ende. Genau wie der Herzschlag.
Nicht aufregend, aber notwendig. Und
irgendwann ist ein Ende da. Aber bis
zum Ende sollten wir lebendig sein.

1. Dunkelheit
Nachdem sie sich den Plan angesehen
und über den Tag nachgedacht haben,
durchziehen die Vorschläge die Welt.

2. Konstrukt
Nun, sie haben das Konstrukt
überwunden und die guten
Erfindungen des Lebens eingefangen.

3. Spiel
Erfinden Sie alte Spiele, fühlen Sie sich
sicher und kommunizieren Sie
miteinander.

4. Regen
Der Regentropfen klebt am Glas, die
Gedanken kleben mit dem lebenden
Tropfen zusammen und treffen dich.

5. Illusion
Die Illusion des Bewusstseins schränkt
meine gute Arbeit ein und ich atme.

6. Anpassung
Geräusche kommen von den
Geräuschen subtiler Geräusche, die
Situation verengt sich, die
Morgensonne heizt sich auf.

7. Grund
Ein sehr guter Grund zum Leben ist es,
es besser zu wissen und sich nicht von
Ihnen oder anderen erwischen zu
lassen.

8. Nase
Die Konzentration auf die Nase hilft,
das Ziel zu erreichen und fröhlich zu
sterben.

9. Beobachten
Der Geruch an den Fingern eröffnet
eine neue Welt und sie beginnt.

10. Ohne
Besonders das Wort „Ohne" hat
großen Inhalt und führt uns an den
Anfang der unschuldigen Welt und
dreht sich um.

11. Nützlich
Es kann mit guten Absichten
verwendet werden und kann nicht bis
zum Ende verloren gehen.

12. Schließlich
Teile bringen uns ins Unendliche, lasst
uns die Meinungen überprüfen, wir
akzeptieren sie gerne.

13. Zustand
Der gute Zustand der gebrochenen
Stempel lässt uns nachdenken, denn
Leistung wird berücksichtigt und dann
erlaubt.

14. Sonne
Die Sonne geht unschuldig in einen
Sonnenbrand über und verzichtet auf
nichts, gleich wie wir.

15. Gedeihen
Der alte Mann blüht kurz auf, schaut
fröhlich, steigt in den letzten Zug nach
Hause, alles scheint in Ordnung zu
sein.

16. Traurig
Der Fisch stinkt schon und der Hunger
ist mit Ungeduld gefüllt,
alles für uns,
ein wahrer Segen.

17. Alt
Aufgeregt läuft jeder blind umher,
atmet schnell und wird schnell alt,
schnell und alt,
gibt es einen Frieden?

18. Beinhart
Im Moment musst du stark sein und
leiden, damit du in den Himmel
kommen und endlich glücklich sein
kannst.

19. Anfangs
Anfangs war der Zug verloren,
niemand hörte das Geräusch, es war
nicht so leise und zuerst.

20. Unvernünftig
Alle Angeklagten haben vergessen und
sind unvernünftige Freunde,
vergessen sich und beginnen von
vorne.

21. Gang
Reisen Sie lange Strecken und kommen
Sie zu den Gedanken anderer, brechen
Sie, teilen Sie und rennen Sie davon.

22. Bedeutung
Der Satz enthüllt ein großes Geheimnis
und wird bekannt,
das Geheimnis wird gewöhnlich
und die Bedeutung nimmt ab.

23. Hand
Drücken Sie die Hand des Feindes
ohne Kraft und geben Sie das Leben
auf, und viel Glück fliegt zu, alles gut
schaffen.

24. Glas
Glasscherben blieben im Gedächtnis
stecken, niemand erwartete jetzt das
Ende.

Zwischendurch einmal Ruhe finden, dann wieder loslaufen und außer Atem kommen. Hungrig sein, sich betrinken und viel lieben. Anderen helfen und dabei glücklich sein.

25. Essen
Werfen Sie Essen weg und werden Sie
ein Genießer, mehr Vergnügen und
Vergnügen.

26. Freigabe
Aus Langeweile in die Kirche gehen
und mit entschlossenen Gedanken
über die endgültige Erlösung
nachdenken.

27. Wieder
Immer wieder scheinen die guten
Gerechten ekelhaft und unfair zu sein.

28. Außerirdisch
Nicht zu Hause im Garten sein,
in der Hoffnung, sich den
Außerirdischen erklären zu können
und ein Geheimnis verstohlen
verstecken.

29. Pünktlich
Tragen Sie das richtige Hemd zur
richtigen Zeit und kommen Sie
pünktlich zur Hinrichtung.

30. Verträumt
Verträumt durch die Luft fliegen, die
Gerüche anderer Menschen einatmen
und ein gut aussehender Träumer
werden.

31. Helden
Seit ich eine Medaille erhalten habe,
kann ich mich als Mann bezeichnen.

32. Hoch
Die Wolken am Himmel scheinen
hoch zu fliegen, sich an die
Vergangenheit erinnern, Sie sind ein
Aufkleber und lachen.

33. Beliebig
Der Fahrer konnte nicht widerstehen,
die gesamte Verantwortung fiel auf
andere und sogar die Liebe war ein
Wort.

34. Schnell
Der Vogel auf der Fensterbank
zwitschert das Morgenlied zu schnell
und ich gehe auf die Straße,
höre nicht zu.

35. Hinaus
Wie weit davon entfernt sein, groß
sein, mit dem Leben spielen, immer
mehr werden und es gut machen.

36. Verantwortung
Ich halte Sie für verantwortlich, es geht
uns beide nichts an, wie Sie sind.

37. Wurm

Der Wurm hat ein Loch in deinen
Gedanken gefunden, hat hier ein Haus
gefunden und wird bis zum
Lebensende bei dir bleiben.

38. Herz

Mit leerem Herzen treffe ich mein
Herz, mit leerem Herzen treffe ich dein
Herz, mit leerem Herzen treffe ich ein
Wesen.

39. Gefängnis

Das Leben in einem Traumkäfig ist
sehr begrenzt,
das Leben der Gedanken ist scheinbar
frei,
die Gedanken sind scheinbar frei.

40. Liebe
Vergiss dich selbst im Durst nach
Liebe, denke sorgfältig nach und frage.

41. Anfragen
Wir beten und beten mit Geschichten,
um wieder im Gefängnis der Träume
zu sein, um im Gefängnis der Liebe zu
sein.

42. Morgen
Der gute Morgen gibt die Hoffnung
zurück, ein guter Tag wird dich sterben
lassen, es wird ein guter Tag sein.

43. Wiedergeboren
Immer wiedergeboren sein, immer
wieder tot sein.

44. Angst
Angst hat dich berührt, die guten Tage
sind noch nicht vorbei.

45. Ohne Angst
Sei ängstlich oder furchtlos, der
Frühling wird für dich und für mich
kommen.

46. Kreuze
Zwei Kreuze standen auf einem Berg
und in mir, sie trugen mehr als ein
Kreuz und verloren Hoffnungen oder
Kreuze.

47. Festspiel
Wir halten immer an Kreuzen fest,
sie geben uns auch eine seltsame
Bedeutung,
sie geben uns eine seltsame Hoffnung.

48. Leere
Wenn Sie die große Leere finden und
unerwartet Kreuze finden, beginnen
Sie zu fluchen und das wird
entscheidend sein.

Geht es dir gut? Fehlt dir etwas zum
Glück? Wann wird das Ende kommen?
Hast du noch etwas Zeit?

49. Wunde
Behandeln Sie nicht die Wunde des
Herzens, nähren Sie die Wunde nicht
richtig und lassen Sie nicht alles im
Herzen.

50. Leider
Leider hat Leiden nicht immer einen
großen Zweck, aber Leiden macht
immer Sinn,
habe ich einmal irgendwo vielleicht
gehört.

51. Vertrauen
Gewinnen Sie Vertrauen in Ihre
Gedanken und verwandeln Sie sie in
ein Gesamtbild,
ein trügerisches Gesamtbild.

52. Gehärtet
Die Welle schlägt mich und ich
bemerke das Festmahl in mir, geschützt
von den Stummen.

53. Ton
Die klingende absolute Stille traf dich
und verschwand mit dem ersten
Gedanken an Erfolg.

54. Entmutigt
Verwandle Traurigkeit in ein
Erfolgsgefühl und sei stark, siege und
töte und werde schließlich doch ein
Mensch.

55. Aufgeregt
Aufgeregt ist nicht aufgeregt und die
Unruhe kommt nicht von irgendwoher,
sie hat eine Verbindung mit einer
Intelligenz und deine spontanen
Selbstangriffe helfen dir nicht.

56. Kerze
Steh einfach auf und denke klar und
bei Kerzenlicht, denke an
unglaubliches Glück und ruhe dich
einfach aus.

57. Apfel
Ich habe einen Apfel gefunden, aber
der Apfel war faul
und die Freude war dahin.

58. Erbrechen
Freundliches, betrunkenes
Erbrochenes riecht sauer und zerstreut
meine Liebe zur Ehrlichkeit und zum
Verständnis.

59. Schuppen
Die Schuppen auf den Schultern
schwächen leicht die Überlegenheit im
gesellschaftlichen Spiel.

60. Bremsen
Sie bremsen mich mit Ihrer
Überlegenheit, und ich träume immer
von großen Besitztümern, und ich
werde es Ihnen zeigen.

61. Weise
Als sich die Tür öffnete und der große
Weise eintrat, stolperte er dumm
und griff mich an.

62. Freundlich
Sei freundlich, die Welt wieder
annehmen und beherrschen
und ein guter Weltmensch sein.

63. Kern
Der große Unterschied im Kern zeigt
jedem, dass es keinen Unterschied gibt,
wir pflanzen, blühen vielleicht und
sterben.

64. Vorschlag
Ein guter Vorschlag und ein gutes
Sprichwort laden Sie ein, sich
hinzusetzen und wegzufliegen.

65. Ausgeglichen
Setz dich gut auf den Boden, lache und
verliere wieder, wie richtig ist es, wenn
du zurückkehrst?

66. Frost
Sehr reif und sehr unhöflich sein, den
Anfang verloren haben und uns die
Aufgabe gestellt haben, den Anfang zu
finden.

67. Zuletzt
Die Last zieht dich immer tiefer in die
Erde hinein, die Erde wartet gierig auf
dich.

68. Klang
Durchdrungen von Geräuschen, von
leisen und lauten Geräuschen, denke
nach und sage schließlich etwas Kluges.

69. Austausch
Tauschen Sie Flüssigkeiten, Gedanken
und Gefühle und solides Wissen,
Glauben und Ausdauer und sich selbst
aus.

70. Abgehackt

Immer wieder abhacken, bluten und
dann weglaufen oder irgendwann
bleiben und verbluten.

71. Kurz

Mit Blick auf die Sonne, natürlich kurz
und freundlich, obwohl es weh tut, die
Sonne loben, kurz und sehr freundlich.

72. Netzwerk

Denker für Erklärungen beschimpfen,
die richtige Bedeutung finden.

73. Brutal
Den letzten Schluck trinken und ohne
Gnade grausam sein, ist immer ein
guter Charakterzug.

74. Versprechen
Nichts versprechen und trotz des
Herdenbewusstseins der Mittelpunkt
der Erde sein, komm her und
kapituliere.

75. Warnung
Allmählich verschwinden die
Erinnerungen, der Ankläger ist alt und
dünn, es scheint, er ist erschöpft.

76. Grund

Es gibt keinen wirklichen Grund für
die Anhäufung einer großen Menge an
Wissen,
glücklich und wissend.

77. Damit

Ganz neben mir, möchte auf jeden Fall
da sein und in Kontakt bleiben,
mit dir.

78. Glück

Viel Glück und Kontrolle über die
Welten haben,
Weltenglück haben,
viel Glück sammeln.

79. Ordnung
Holen Sie sich den Befehl, führen Sie
ihn gut aus und seien Sie stolz auf sich,
Sie müssen ein Held sein,
und der Tag lacht nicht.

80. Auftritt
Ich kam und erfuhr alles, ein
vorbildlicher starker Typ stand hier,
die große Rettung ist gekommen,
hat sich auf den Misthaufen gesetzt.

81. Wunder
Es geschehen keine zusätzlichen
Wunder, das Bekannte sollte
ausreichen,
oder du gehst verloren.

Langsam kommt es zu einem Ende.
Aber wahrscheinlich werden wenige
von Anfang an dabei gewesen sein.
Wahrscheinlich auch du nicht. Und das
ist auch gut so. Man fängt nicht immer
von vorne an. Man stürzt sich einfach
ins Ungewisse und legt los.

82. Rahmen
Der Rahmen hat eine schöne
Rahmenfunktion, die Hoffnung
schafft,
er gibt eine große Sicherheit.

83. Siehe
Ich konnte die Sonne vor Glück nicht
sehen und freute mich auf meine
nächste Dummheit.

84. Langsam
Kommen Sie zu sich und seien Sie ein
anständiger Mensch, die Arme stärken
und mit den Muskeln vor Freude
spielen,
anständig durchatmen.

85. Verdreht
Nachdenken, nicken und bestätigen,
bestätigen und über die Zukunft
nachdenken, erfolgreich sein.

86. Wochenende
Wochenenden, Jahresende und
Lebensende, finden Sie alles mühelos.

87. Lärm
Das ständige Geräusch in dem kleinen
Kopf ist zu Musik geworden, Klang
und Klang, freundlich für alle, sei
freundlich.

88. Zahlen
Wenn man für alles zahlt, bleiben
Rechnungen nicht offen, Geschenke
sind gefährlich und Glück wird eine
Strafe sein.

89. Abkürzung
Da sich die Abkürzung durchgesetzt
hat, gibt es keine Möglichkeit mehr,
belastendes Leben auf lange Sicht zu
sehen.

90. Geladen
Gut kalkuliert, schlau, gut kalkuliert,
aber gleichzeitig sauber und doch ein
Neuanfang.

91. Wörter
Es wird immer Worte geben, Worte,
die alles Leben beschreiben.

92. Geliefert
Offener Rest, der Rest kommt zurück
und alles andere ist in der Nähe, nimmt
fast keinen Platz ein, alles ist offen.

93. Fertig
Machen Sie fertig, erledigen Sie die
Arbeit und haben Sie Spaß daran, jeden
Tag neu zu denken, ohne
nachzudenken.

94. Eitelkeit
Nimm deine Eitelkeit und verliere dich,
falle runter.

95. Lichter
Und es strahlt der Kopf, viele glauben,
dass sie infiziert sein könnten.

96. Liebe
Hier sollten wir die Liebe, die Liebe
zueinander, die nachdenkliche Liebe
und die leere Liebe nicht vergessen.

Ende. Ein glückliches Ende.
Hoffentlich.